Angels

Carsten Rach

# Angels

Herstellung und Verlag:
Books on Demand GmbH, Norderstedt


3. Auflage
Copyright © 2011 Carsten Rach

Satz und Gestaltung: Chili Books
http://www.chili-books.de

Bildnachweis:
Autorenfoto: Dirk Wilms
Titelfoto: Ulrich Jackel

Alle Bücher von Chili Books
erscheinen im Verlag:
Books on Demand GmbH, Norderstedt

ISBN: 978-3-8423-2922-5


Printed in Germany

Für Sandra.

**Vorwort**

Texte entstehen im Kopf.
Sie entstehen nicht einfach so,
sondern meist aus einer Begebenheit heraus.
Sie sind Teil eines Prozesses.
Danach sind sie Vergangenheit –
nicht mehr gegenwärtig.

Diese Texte sind in den Jahren 2001 bis 2010 entstanden.

Man kann sie interpretieren, man kann sie deuten. Und trotzdem werden nur die Menschen die Bedeutung kennen, die Teil dieses Prozesses waren.

Und diese sind Vergangenheit.

Carsten Rach

# Inhaltsverzeichnis

## 1000fach gebrochen

Wir haben 1000mal gesprochen,
wir haben 1000mal geweint,
wir haben 1000mal gelacht,
und nur einmal geliebt.

Wir haben 1000mal geredet,
wir haben uns 1000mal in den Armen gelegen,
wir haben 1000mal Spaß gehabt,
und nur einmal geliebt.

Wir haben 1000fach gebrochen,
wir haben 1000fach gelogen,
wir haben 1000fach betrogen,
und nie wieder geliebt.

## Alles so verschwommen

Es scheint als würden all die Worte
an Dir vorbeihuschen,
Du hast mich einfach nie verstanden,
Du hast mich aufgebaut,
um mich dann am Boden zu sehen,
soweit unten, dass ich nichts mehr sehe.

Es ist alles so verschwommen,
verzehrt erscheint mir das Gewesene,
es ist alles so verschwommen,
ruiniert ist die Erinnerung.

Es scheint als würde ich Dich flüstern hören,
wenn ich alleine bin,
welches Herz hast Du nun wieder gebrochen?
Du hast immer Versprechungen gegeben,
die Du nie halten konntest,
soweit entfernt, dass ich nichts mehr glaubte.

Es ist alles so verschwommen,
verzehrt erscheint mir das Gewesene,
es ist alles so verschwommen,
ruiniert ist die Erinnerung.

## Deine Sinne

Will tief in Deine Sinne,
will mich verstecken und mich ausruhen,
Will noch tiefer hinein,
als der Verstand es zulassen würde.

Will tief in Deine Seele,
will Dein Wesen erforschen,
um dann zur Ruhe zu kommen,
will noch tiefer hinein,
tiefer als jemand jemals zuvor.

Will tief in Deine Gedanken,
will sie entdecken um dann zu erkennen,
dass sie sich um mich drehen,
will noch tiefer hinein,
tiefer als die Begierde es zulässt.

## Der Regen wäscht die Welt

Der Regen wäscht die Welt,
wer bin ich, was bin ich?
Kann ich dieses Herz brechen?

Ich will niemanden verletzen,
wer hat mich gesehen
und mich nicht dran gehindert?
Ich will niemanden verletzen,
warum hast Du mich das tun lassen?

Der Regen wäscht die Welt,
wo bin ich und warum?
Nichts scheint wahr zu sein,
alles Lüge.

Ich will das nicht.
Ich will das heute nicht.
Du hast mich gesehen
und mich nicht dran gehindert.

## Die Ruhe um mich

Sag es ist aus,
sag es ist vorbei,
sag es ist nichts,
sieh was Du getan hast.

Sag es ist dumm,
sag es ist falsch,
sag es ist rücksichtslos,
sieh was Du getan hast.

Die Ruhe um mich,
ich brauche sie jetzt.

Nenn mich einsam,
Nenn mich langsam,
nenn mich blind und töricht,
sieh was Du getan hast.

Die Ruhe um mich,
ich brauche sie jetzt.

## Du kennst den Unterschied

Ich versuchte es zu ergründen,
versuchte es zu verstehen,
wir versuchten es zu umgehen,
und trotzdem sind wir dran gescheitert.

Du weißt, wir können es nicht verbergen,
wir wollten dran arbeiten,
die Lügen kamen immer wieder,
sie schienen unumgänglich.

Du kennst den Unterschied,
zwischen lieben und geliebt,
Du kennst den Unterschied,
zwischen Lieben und Hass.

Wir können nicht umher,
wollen nicht verstehen,
können kaum begreifen,
und sind trotzdem so klug als je zuvor.

Du kennst den Unterschied,
zwischen lieben und geliebt,
Du kennst den Unterschied,
zwischen Lieben und Hass.

## Rette mich

Du hattest die Macht, mir alles zu nehmen.
Meinen Stolz, meine Würde.
Du hattest die Gabe in mich Rein zusehen,
Meine Wünsche, meine Hoffnungen.

Ich gab mich Dir hin, gab Dir mein Leben,
Verfallen Deiner Liebe, verfallen Deines Hasses.
Ich spürte die Liebe, die Du mir implantiertest,
Die Furcht vor Deiner Entscheidung.

Rette mich aus diesem Dilemma,
Befreie mich von dem Zwang,
Dem Zwang einen Menschen lieben zu wollen,
Der sich selbst nicht lieben kann.

Die Geborgenheit, die ich Dir gab,
Die Sicherheit, die Du suchtest.
Das Vertrauen, dass ich Dir gab,
Das Mittel mich zu zerstören.

Das Gefühl von Zweisamkeit,
Die Bestätigung meiner Abhängigkeit.
Die Intensität des Gefühls,
Die Macht des Bestimmens.

## Rette mich II

Rette mich aus diesem Dilemma,
Befreie mich von dem Zwang,
Dem Zwang einen Menschen lieben zu wollen,
Der sich selbst nicht lieben kann.

Du suchst nicht die Liebe,
Das Gefühl von Geborgenheit zweier Menschen,
Die Herrschaft über Gefühle zu bestimmen,
Die letztlich nur Deine
Verzweiflung widerspiegeln.

Rette Dich aus diesem Dilemma,
Befreie Dich von dem Zwang,
Dem Zwang nicht lieben zu können.
Du wirst auch geliebt.

## Meine Worte, Deine Sicht

Du siehst, es war so,
ich war zwischen zwei Welten,
die eine voller Versprechungen,
die andere voller Lügen.
Aber die Wahrheit tut so weh,
du siehst ich bin kein Engel,
der versucht die Vergangenheit
hinter sich zu lassen.
Nun versuche ich alles hinter mir zu lassen,
die Gedanken sind in mir drin.

Meine Worte, Deine Sicht,
sie tut so weh,
meine Worte, Deine Sicht,
die bittere Wahrheit, die ich jetzt erkenne.

Du siehst, ich bin am denken,
nun zieht mein Leben weiter,
nur noch in einer Welt,
der Realität entgegen,
du weißt, es ist nicht einfach,
die Zukunft wird es mir zeigen,
der Engel der Gegenwart wird mich leiten,
hinter all dem, was verborgen war,
die Gedanken sind in mir drin.

Meine Worte, Deine Sicht,
sie tut so weh,
meine Worte, Deine Sicht,
die bittere Wahrheit, die ich jetzt erkenne.

# Kleiner, tapferer Hase

Wie tapfer musst Du gewesen sein,
als die Dinge nicht so liefen, wie sie sollten,
hast gekämpft – selbstlos und tapfer.

Wie traurig musst Du gewesen sein,
als die Dinge Dir scheinbar aus der Hand glitten,
hast versucht festzuhalten
und hattest es scheinbar verloren.

Wie zerstört muss Dein Herz gewesen sein,
als die Dinge anders erschienen,
als Du Dir erträumt hattest,
hast geträumt und bist wach geworden.

Wie unglaublich zäh musst Du gewesen sein,
als die Dinge sich gegen Dich verschwörten,
hast verbissen daran festgehalten
und Dich gegen gelehnt.

Wie unglaublich demütigend
muss es gewesen sein,
als die Dinge nicht so zu Tage kamen,
wie Du es Dir vorgestellt hast,
hast zugesehen und warst dabei zu verlieren.

Wie unglaublich dämlich
muss derjenige gewesen sein,
der Dinge zugelassen hat
und Dich nicht gesehen hat,
hast ihm die Chance gegeben
und ihn immer geliebt.

Wie unglaublich stark muss diese Liebe sein,
dass die Dinge heute laufen, wie sie laufen,
wie ein kleiner, tapferer Hase.

## Was meine Träume sind

Manchmal ist es doch so nah,
manchmal ist es doch so weit entfernt,
ich taumel durch ein großes Labyrinth,
zerbrechlich sind die Tage,
auf Wegen, auf denen ich gehe.

Weißt Du was meine Träume sind?
Du schaust einfach zu,
wie der Himmel sich verdunkelt,
In meinem großen Labyrinth,
sind die Wege, auf denen ich gehe.

## Blindes Synonym

Ich weiß wir vermögen fliegen,
weiß wir können fliegen,
die Ewigkeit besiegen,
über den Wolken,
wie ein blinder Passagier…

Ich weiß wir können aufsteigen,
weiß wir können aufsteigen,
die Stetigkeit besiegeln,
über den Nichtigkeiten,
wie ein blinder Insasse…

Leben lilienweiß vermögen sich bewegen,
lilienweiß vermögen sich bewegen,
die Unablässigkeit durchsetzen,
durch die Nebelschwaden,
wie ein blindes Synonym.

## Abschied vom Spiel

Vom Weg abgekommen,
die falsche Richtung eingeschlagen
Und jetzt bald angekommen,
wo keiner ankommen will.
Die Zukunft,
die sich ihren Weg jetzt schon bahnt,
ich konnte sie beeinflussen
und habe es doch versäumt.

Das Leben ist ein Spiel,
welches man mit dem nötigen Ernst
spielen sollte,
habe es unterschätzt und verloren –
zumindest für das Jetzt und hier.

Aber das Leben hat mehrere Spielzüge,
die es immer wieder neu zu erklimmen gilt,
der nächste Level kommt
unaufhaltsam auf mich zu.

## Deine Gedanken

Will immer wieder in Dich durchdringen,
versuche das Laufband
auf Deiner Stirn zu entziffern.

Ich sehe sie förmlich
durch Deinen Kopf schwirren,
die Gedanken,
die Du Dir tagtäglich machst.

Deine Gesten sagen mehr als Worte,
doch kann ich sie nicht entziffern,
sie erscheinen als Hieroglyphen,
wüsste ich doch gerne mehr.

Deine Gedanken kennen keine Grenzen,
sie durchdringen jede Hürde,
doch an mich kommen sie nicht ran.

# Habt ihr mein Leben gelebt?

Ihr raubt mir die Kraft,
ihr habt es fast geschafft,
raubt mir den Mut
und lasst nichts unversucht.

Habt ihr mein Leben gelebt?

# Frage nach Vertrauen

Die endlosen Minuten des Wartens,
die unzähligen Sekunden.
Ich will es nicht,
aber dennoch wird jede Minute schwerer,
aus jeder Sekunde wird ein Tag.

Ich frage nach dem Vertrauen
und suche nach dem Sinn,
ich möchte darauf bauen
und weiß nicht wohin.

Die Zeit des Wartens,
mehr Kippen geraucht, als sonst,
ich kann es nicht,
und dennoch geschieht es,
aus der Ungeduld wird Wahnsinn.

Ich frage nach dem Vertrauen
und suche nach dem Sinn,
ich möchte darauf bauen
und weiß nicht wohin.

## Freundschaft

Wachsen.
Geben.
Nehmen.
Lieben.
Fordern.
Pflegen.
Vertrauen.

## Du

Du siehst mich an,
als ob ich was Besonderes bin,
ich sehe Dich an und weiß,
dass Du was Besonderes bist.

Du lächelst mir zu,
als ob Du nur mir niemals
wieder so zulächeln würdest,
ich sehe Dich an
und wünsche mir,
dass Du mir noch einmal zulächelst.

Du sagst mir,
dass ich die Erfüllung Deines Traumes bin,
ich sehe Dich an
und weiß,
dass Du meine Vision warst.

Du umarmst mich,
als würdest Du mich nie mehr loslassen,
ich würde Dich nie mehr loslassen!

Du hast mich losgelassen...

**Diese Nacht**

Wir haben geredet
die halbe Nacht,
haben gelacht
und auch geweint,
in dieser Nacht.

Wir haben geredet
über uns
und den Rest der Welt,
über Sehnsucht
und Träume.

Wir waren eins,
haben es verstanden
uns zu verstehen,
haben es genossen
und gefühlt.

Wir waren eins
in dieser Nacht,
haben uns geliebt
und gefühlt
in dieser,
unserer Nacht.

## Weißt Du was Liebe ist?

Weißt Du, was Liebe ist?
Liebe ist, so wird gesagt,
wenn zwei Lippen sich treffen
und anscheinend nie wieder loslassen wollen.

Weißt Du, was Liebe ist?
Liebe ist, so wird gesagt,
wenn zwei paar Augen
sich anschauen und diese sich in der
Ewigkeit zu verlieren scheinen.

Weißt Du, was Liebe ist?
Liebe ist, so wird gesagt,
wenn zwei Menschen sich
anschauen und nichts zu sagen vermögen,
weil nur der Moment zählt.

Weißt Du, was Liebe ist?
Liebe ist, so sage ich,
mehr als nur ein Wort, mehr als
nur ein Gedanke.

Liebe ist das,
was ich nicht annähernd ausdrücken kann,
was ich für Dich empfinde...

## Brücken gebaut

Sag mal, weißt du es noch?
Oder findet sich in deiner Erinnerung
nur ein Loch?
Du hattest mich in deinen Bann gezogen,
und dennoch bin ich nicht
in Richtung Zukunft geflogen.

Wir hatten eine Brücke gebaut,
ganz ohne grenze, ohne maut,
doch die Brücke, sie zerbricht,
verstehst du das nicht?

Jemand hat sie zerstört,
meine Wünsche blieben unerhört.
sie lässt sich nicht mehr verbinden,
auch wenn wir zueinander finden.

Du fragst warum sie zerbricht?
Weißt du es denn nicht?

## Minzi

Seit 17 Jahren bist Du meine Wegbegleiterin,
wir haben niemals miteinander geredet.
Und dennoch weiß ich, wie es Dir geht.

Dein Schnurren verrät es mir,
Deine Krallen bohren sich in meinen Bauch.
Und dennoch kenne ich
keinen Gedanken von Dir.

Mittlerweile bist Du schwach und müde.
Deine Bewegungen gleichen einer Zeitlupe.
Und ich habe Angst Dich zu verlieren.

Deine Augenlieder schließen,
das Schnurren verstummt langsam.
Zwei Tränen laufen runter an meinen Wangen,
nun ist es gewiss,
Du bist gegangen.

Ich werde Dich nie vergessen.

## Alone

'cause you´re not here,
you're gone,
you're not here,
you moved on.

'cause you´re not here,
so i'm alone,
i'm still here,
forever.

i do what is undone,
to be near your.
i told, what you have told,
to be near you.

i'm tired of pretending,
i'm tired of my own.

## Nie mehr

Du schwörst Dir nie mehr.
Du schwörst Dir beim nächsten Mal
wird alles anders sein.

Du siehst die Welt mit einer Leichtigkeit.
Du bist verliebt.
Du wünschst der heutige Tag geht nie vorbei.

Du schwörst Dir nie mehr.
Du schwörst Dir beim nächsten Mal
wird alles anders sein.

Es tut viel zu weh.
Du denkst immer dran.
Du denkst an gestern.

Der erste Tag danach.
Der erste ist der schlimmste.
Du wartest auf übermorgen.

Du willst es nicht Freundschaft nennen.
Du willst es Liebe nennen.
Du wünschst Dir vorgestern zurück.

## Vor etwas über einem Monat

Vor etwas über einem Monat,
war ich selbst noch eine Insel,
in einem Meer, dass so unglaublich tief,
und trotzdem konnte ich nicht ertrinken,
sondern nur darin versinken.

Vor etwas über einem Monat,
war ich selbst noch eine Insel,
inmitten einer Brandung,
und nur Du machtest die Punktlandung.

Vor etwas über einem Monat,
war ich selbst noch eine Insel,
wollte eigentlich keine Sandbank finden,
und jetzt möchte ich mich ewig an Dich binden.

Vor etwas über einem Monat,
war ich selbst noch eine Insel.
Heute bin ich mehr im Schweben,
denn von nun an bist Du in meinem Leben.